BEI GRIN MACHT SICH IHR WISSEN BEZAHLT

- Wir veröffentlichen Ihre Hausarbeit,
  Bachelor- und Masterarbeit

- Ihr eigenes eBook und Buch -
  weltweit in allen wichtigen Shops

- Verdienen Sie an jedem Verkauf

Jetzt bei www.GRIN.com hochladen
und kostenlos publizieren

Bibliografische Information der Deutschen Nationalbibliothek:

Die Deutsche Bibliothek verzeichnet diese Publikation in der Deutschen National-
bibliografie; detaillierte bibliografische Daten sind im Internet über http://dnb.d-
nb.de/ abrufbar.

Impressum:

Copyright © 2016 GRIN Verlag, Open Publishing GmbH
Druck und Bindung: Books on Demand GmbH, Norderstedt Germany
ISBN: 9783668229273

Dieses Buch bei GRIN:

http://www.grin.com/de/e-book/323359/qu-est-ce-qui-rend-les-gens-sur-le-monde-
heureux-franzoesisch-12-klasse

Valerie Till

Qu'est-ce qui rend les gens sur le monde heureux? (Französisch, 12. Klasse)

Am Beispiel "Le voyage d'hector ou à la recherche du bonheur" von Fran ois Lelord

GRIN Verlag

GRIN - Your knowledge has value

Der GRIN Verlag publiziert seit 1998 wissenschaftliche Arbeiten von Studenten, Hochschullehrern und anderen Akademikern als eBook und gedrucktes Buch. Die Verlagswebsite www.grin.com ist die ideale Plattform zur Veröffentlichung von Hausarbeiten, Abschlussarbeiten, wissenschaftlichen Aufsätzen, Dissertationen und Fachbüchern.

Besuchen Sie uns im Internet:

http://www.grin.com/

http://www.facebook.com/grincom

http://www.twitter.com/grin_com

Inhaltsverzeichnis

1. Einleitung

Die vorliegende Arbeit enthält den Entwurf einer Unterrichtseinheit mit dem Titel «Qu'est-ce qui rend les gens sur le monde heureux?» im Rahmen des vorgegebenen Themas «L'homme et le bonheur». Hierfür werden neben einer Beschreibung der Lerngruppe, in der die Einheit durchgeführt wird, eine didaktische Analyse sowie der Entwurf einer Einzelstunde aus der Unterrichtsreihe angefertigt.

2. Lerngruppenbeschreibung

Die in dieser Arbeit erläuterte Unterrichtseinheit soll in einem sprachlichen Profil des 12. Jahrgangs durchgeführt werden, welches aus 14 Schülerinnen und 4 Schülern besteht. Die Klasse wurde nach der Mittelstufe neu zusammengestellt und wird seit einem Jahr von der Lehrkraft unterrichtet. Deshalb befindet sich etwa die Hälfte der Klasse im 6. Lernjahr, während die andere Hälfte Französisch als dritte Fremdsprache gewählt hat und sich somit erst im 4. Lernjahr befindet. Diese Aufspaltung der Lerngruppe wird verstärkt durch die Tatsache, dass nur 8 Schülerinnen eine schriftliche Abiturprüfung im Fach Französich ablegen wollen. Auf die in dem Kurs herrschende Heterogenität soll einerseits mittels binnendifferenzierender Aufgabenstellungen eingegangen werden, damit die Schülerinnen, die sich im Abitur in Französisch prüfen lassen, besonders gefördert werden, die Französisch-F3-Lerner jedoch nicht durch Überforderung die Motivation verlieren. Andererseits soll versucht werden, gemeinsame unterrichtliche Aktivitäten für die gesamte Lerngruppe zu finden, die die Leistungsstände der eher heterogenen Gruppen einander annähern und die Klassengemeinschaft stärken.

Die Lernatmosphäre in der Klasse ist normalerweise ruhig und konzentriert. Grundlegende Fähigkeiten im schriftlichen Bereich sind bei allen Lernern vorhanden, allerdings muss noch an den Feinheiten einer guten Erörterung gearbeitet werden. Da besonders die SuS, die Französisch als F3 lernen, Schwierigkeiten haben, sich mündlich auszudrücken, werden entsprechende Übungen eingebaut und die Unterrichtssprache durchgehend auf Französisch gehalten. Es handelt sich außerdem um eine Lerngruppe, die Freude an kreativen Aufgaben hat, denn viele der Schülerinnen und Schüler (im Folgenden mit SuS abgekürzt) belegen ebenfalls Darstellendes Spiel. Durch ihren Deutschunterricht auf erhöhtem Anforderungsniveau sind die SuS an den Umgang mit neuen Lektüren gewöhnt und haben ein ausgeprägtes Leseverständnis.

3. Entwurf der Unterrichtseinheit

Die im Folgenden erörterte Unterrichtseinheit lässt sich unter der Frage «Qu'est-ce qui rend les gens sur le monde heureux?» zusammenfassen, die die Schüler anleiten soll, sich über ihr eigenes sowie das Glück der Menschen auf der Welt Gedanken zu machen. Hierfür wurde die Lektüre «le voyage d'hector ou à la recherche du bonheur» von François Lelord ausgewählt, da sie die Perspektiven verschiedener Menschen in verschiedenen Teilen der Erde darstellt und deren Auffassungen von Glück veranschaulicht.

Das Material eignet sich besonders aufgrund seiner einfach gehaltenen Sprache und der Strukturelemente, die beinahe an ein Märchen für Kinder erinnern, sehr gut für den Fremdsprachenunterricht. Ein in philosophischen Texten häufig komplex ausgebreitetes Thema wird in dieser Lektüre von François Lelord leicht verständlich und nah an der Lebensrealität der Schüler abgehandelt.

Die Reise des Protagonisten Hector weist eine Relevanz für die Gegenwart beziehungsweise die Zukunft der Schülerinnen und Schüler auf, da einige in diesem Alter selbst den Wunsch hegen, nach dem Abitur ähnliche Erfahrungen zu sammeln und Zeit im Ausland zu verbringen. Insbesondere Jugendliche sind auf der Suche nach sich selbst und ihrem persönlichen Glück, weshalb die elementare Frage nach dem Glück der Menschen unbedingt auch in der Schule eine Rolle spielen sollte.

Methodisch sollen die SuS hierbei vom Privaten, das heißt von ihrer eigenen Vorstellung von Glück, zum Öffentlichen, also anderen auf der Welt vertretenen Perspektiven, geleitet werden. Dabei soll ihnen die Lektüre helfen, die verschiedenen Blickwinkel auf das Glück der Figuren in ihren jeweiligen

Situationen nachzuvollziehen und zu verstehen, dass Glück eine Sichtweise auf die Dinge ist.

In der ersten Stunde der Einheit, die den Titel «la recherche du bonheur» trägt, lernen die SuS den Protagonisten Hector kennen und verstehen die Notwendigkeit für ihn, sich auf die Suche nach dem Glück zu machen. Dieses Wissen sollen sich die SuS aus zwei kurzen Szenen des Films «Hector et la recherche du bonheur» erschließen, welche die beiden ersten Kapitel des Romans repräsentieren. Dadurch wird zudem das Hörverstehen gefördert. Sie beschäftigen sich in der ersten Stunde außerdem damit, was Glück für sie selbst und für andere Menschen auf der Welt bedeutet. Der Dialog, den die SuS in der Erarbeitungsphase schreiben sollen, trainiert sowohl die Schreib- als auch die Methodenkompetenz.

Der Schwerpunkt der zweiten Stunde liegt auf dem Einfluss des Geldes auf das Glück vieler Menschen. Hierfür haben die SuS als Hausaufgabe bereits das Kapitel «Hector fait un bon dîner» vorbereitet, in dem es um Hectors Aufenthalt in China, der ersten Station seiner Reise und seine Begegnung mit Edouard geht. Die Lehrkraft beginnt die Stunde mit dem Zitat «L'argent ne fait pas le bonheur. Celui qui a dix millions de dollars n'est pas plus heureux que celui qui en a neuf millions.». Dieses soll die SuS zu einer Diskussion der Frage anregen, ob das Glück in unserer Gesellschaft notwendigerweise mit Geld verknüpft ist und somit vor allem die Methodenkompetenz voranbringen. Weiterhin lässt die Lehrkraft die SuS kurz mündlich den Inhalt des bereits gelesenen Kapitels zusammenfassen, damit sie daraufhin in der Lage sind, anhand des Beispiels von Edouard die Lektion 3 «Beaucoup de gens pensent que le bonheur, c'est d'être plus riche ou plus important.» zu erklären und ihre Meinung dazu in Stillarbeit in einem commentaire personnel darzulegen. Die anschließende Sicherungsphase wird bewusst aufwändig gestaltet, damit die Fähigkeit, strukturiert und fundiert zu erörtern, optimal gefördert wird. Die Lerngruppe wird hierfür in Kleingruppen aufgeteilt, innerhalb derer die SuS sich gegenseitig ihre Texte vorlesen und Feedback bekommen. Dafür ist sowohl die Sozialkompetenz nötig als auch das Wissen jedes Gruppenmitgliedes über die Methode commentaire personnel, um die Texte angemessen beurteilen zu können. Die Hausaufgabe zur nächsten Stunde lautet, die Kapitel «Hector retrouve un bon copain», «Hector rend service» und «Hector prend des leçons de malheur» zu lesen, wobei die Klasse in drei Gruppen aufgeteilt wird. Diese Hausaufgabe bietet eine gute Möglichkeit zur Binnendifferenzierung, da Schwierigkeitsgrad und Länge der Kapitel variieren. Die Gruppe der SuS, die ihr Abitur in Französisch ablegen wollen, soll sich mit dem am schwersten zu verstehenden Kapitel «Hector prend des leçons de malheur» beschäftigen.

In der dritten Stunde sollen die SuS anhand von Hectors Reise nach Afrika verstehen, dass Glück in jedem Land den Umständen entsprechend anders definiert wird. Eine Hilfe zur Einordnung der Kapitel, die sich alle drei in Afrika abspielen, erhalten die Schüler erneut durch eine Szene des Films, die Hectors Ankunft in Afrika zeigt. Im weiteren Verlauf der Stunde erarbeiten die SuS in den Gruppen, die jeweils das gleiche Kapitel gelesen haben, ein kurzes Rollenspiel zu der Frage, welche Aspekte die Menschen in Afrika daran hindern, glücklich zu sein. Diese Frage lässt sich aus jedem der drei Kapitel unterschiedlich beantworten, sodass das Ergebnis drei unterschiedliche Darstellungen zu Themen wie Drogenhandel, mangelnder Sicherheit und Kriminalität, schlechter Krankenversorgung oder Armut der Bevölkerung sein werden. Mit dem Rollenspiel wird zum einen eine Förderung der Sprech- und Sozialkompetenz beabsichtigt. Zum anderen sollen auf diese Weise das Selbstbewusstsein jedes Einzelnen sowie die Klassengemeinschaft gestärkt werden.

Für die letzte Stunde der Unterrichtsreihe wurden zwei Bilder, die ein Kind in der Überflussgesellschaft, das im Supermarkt weint, weil es mehr Süßigkeiten haben möchte, und Kinder in Afghanistan, die vor einem von Krieg zertrümmerten Hintergrund stehen, zeigen, als visuelle Impulse ausgewählt. Mit der Frage der Lehrkraft, was die Kinder auf den Bildern glücklicher machen würde, wird erneut darauf Bezug genommen, dass Glück von den Menschen auf der Welt ihrer Situation entsprechend unterschiedlich definiert wird. Dabei wird die Methode Bildbeschreibung wiederholt. Um die Unterrichtseinheit zu reflektieren, wird den SuS abschließend die Aufgabe erteilt, eine Karte von Hector an Klara schreiben, auf der sie schildern, inwiefern die Reise ihn bisher weitergebracht hat, welches Ziel sein nächstes sein könnte und warum. Dadurch bekommen die SuS die Möglichkeit, ihre eigene Meinung und ihre

4

Wünsche miteinzubringen. Im Austausch mit einem Partner sollen die geschriebenen Karten korrigiert werden, was einen Austausch der Ideen und eine linguistische Überprüfung bezweckt.

4.   Entwurf der Einzelstunde

Die erste Stunde der Unterrichtseinheit dient zur Einführung der Lektüre und der Thematik «L'homme et le bonheur». Da der Schwerpunkt der Einheit auf der Frage liegen soll, was die Menschen auf der Welt glücklich mache, bereitet die Grafik «la mappemonde du bonheur» den Einstieg. Dazu werden die SuS im Unterrichtsgespräch von der Lehrkraft aufgefordert, die Karte zunächst zu beschreiben und dann Interpretationsansätze vorzuschlagen. Mögliche Überlegungen der Schüler könnten etwa sein „Wo Krieg oder Armut herrschen sind die Menschen weniger glücklich". Die Lehrkraft sammelt dann an der Tafel die Begriffe „Frieden" und „Wohlstand", woraus eine Liste von Kriterien entsteht, die das Glück begünstigen.

Da die SuS die Handlung des Romans betreffend keine Vorkenntnisse haben, wird auf den Beginn des Films «hector et la recherche du bonheur» zurückgegriffen, um den Protagonisten vorzustellen. Die Lehrkraft gibt hierzu den Auftrag, Hectors Leben vor den aufgestellten Kriterien des Glücks zu bewerten. Weil der Film in Bezug auf die Problematik mit Hectors Patienten nichts vorwegnimmt, können die SuS zu der Annahme gelangen, dass die Figur glücklich sein müsse.

In der Problematisierungsphase werden den SuS weiterhin die Szenen des Films gezeigt, in denen die Sinnlosigkeit von Hectors Beruf deutlich wird. Der Film legt hierbei Wert darauf, auf eine komische und überzogene Weise den Umgang Hectors mit seinen Patienten zu schildern, bis dieser schließlich die Beherrschung verliert. Anhand dieser Szenen soll den SuS Hectors Motivation, eine Reise zu unternehmen, offenbar werden.

Die anschließende Erarbeitungsphase dient dazu, das gesehene aufzuarbeiten und auf eine kreative Weise umzusetzen. Die Lehrkraft erteilt die Aufgabe, in Partnerarbeit einen Dialog zwischen Hector und seiner Freundin Clara zu verfassen, in welchem er ihr seine Gründe für die Reise, die er machen möchte, erklärt und ihr die Problematik mit seinen Patienten darlegt. Der Part von Clara könnte darin bestehen, ihn an die Dinge zu erinnern, die sein Leben zu einem glücklichen machen sollten. Zudem soll in dem Gespräch ein Ausblick gegeben werden, wie die Handlung sich entwickeln könnte oder was mögliche Ziele für eine solche Reise sein könnten. Der entsprechende Dialog im Film wurde den SuS vorenthalten, sodass die Aufgabe nicht nur Sozial- und Methodenkompetenz, sondern auch die Kreativität fördert. Die relative Offenheit, die eine solche kreative Aufgabe bietet, schließt automatisch eine Binnendifferenzierung mit ein, da jede Schülergruppe ihren Dialog sprachlich ihrem Leistungsstand entsprechend bearbeiten kann.

Die Sicherungsphase sieht vor, dass einige Gruppen ihre Dialoge vortragen, während die anderen SuS anhand der in der Aufgabenstellung genannten Aspekte die jeweiligen Vortragenden bewerten und ihnen Feedback geben sollen. Für die Präsentation der Dialoge werden zwei Stühle vor die Klasse gestellt, damit zum einen die Aufmerksamkeit der Lerngruppe auf die Vortragenden gelenkt wird und zum anderen die Sprechkompetenz sowie das Selbstbewusstsein der Sprecher unterstützt werden.

Die Hausaufgabe dient als Vorbereitung auf die anschließende Stunde, in der die SuS sich mit dem Kapitel «Hector fait un bon dîner» beschäftigen.

5. Anhang

Zitate

«L'argent ne fait pas le bonheur. Celui qui a dix millions de dollars n'est pas plus heureux que celui qui en a neuf millions.» -Hobart Brown

Literatur

Le Voyage d'Hector ou la recherche du bonheur von François Lelord aus dem Odile Jacob Taschenbuchverlag, 2002.

Filme

Hector et la Recherche du bonheur coécrite et réalisée par Peter Chelsom, 2014.

Bilder

la mappemonde du bonheur

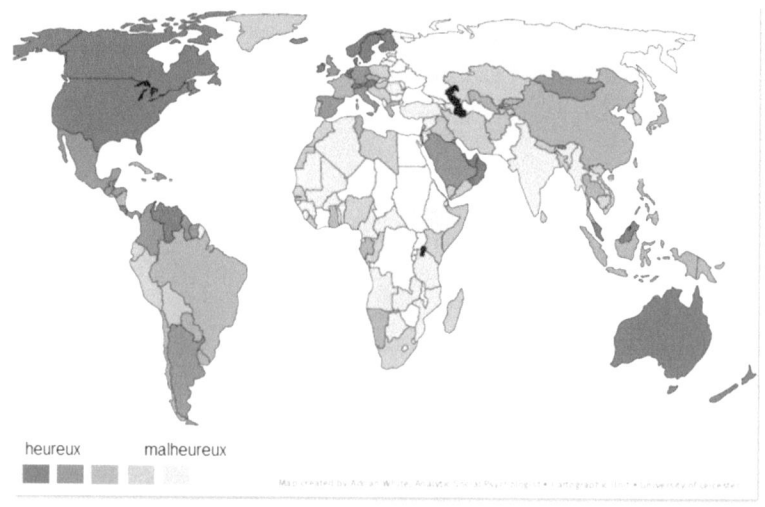

heureux   malheureux

https://i1.wp.com/sprechblase.wordpress.com/files/2008/04/weltkarte.jpg, (Zugriff: 06.01.16).

Bild aus urheberrechtlichen Gründen entfernt.

Siehe bitte unter folgendem Link (Motiv: Trotziges blondes Kleinkind, im Hintergrund Süßigkeiten-Regal im Kaufhaus)

http://www.huffingtonpost.co.uk/2013/04/08/what-to-do-with-sulking-children_n_7371616.html, (Zugriff: 06.01.16).

Bild aus urheberrechtlichen Gründen entfernt.

Siehe bitte unter folgendem Link (Motiv: Afghanische Kinder in Lumpen, im Hintergrund zerbombte Trümmerlandschaft)

https://www.blaetter.de/aktuell/dossiers/afghanistan-krieg-ohne-ende, (Zugriff: 06.01.16).

BEI GRIN MACHT SICH IHR
WISSEN BEZAHLT

- Wir veröffentlichen Ihre Hausarbeit, Bachelor- und Masterarbeit

- Ihr eigenes eBook und Buch - weltweit in allen wichtigen Shops

- Verdienen Sie an jedem Verkauf

Jetzt bei www.GRIN.com hochladen und kostenlos publizieren